Hoffnungsvoll
nach vorne schauen

Sie halten dieses Heft in einer Zeit in Händen, in der eine ernsthafte Erkrankung Sie ein Stück weit aus dem gewohnten Leben gerissen und sich wie ein Schatten über die Gegenwart und die Zukunft gelegt hat. Manches, was vor Tagen noch selbstverständlich schien, ist plötzlich in Frage gestellt; anderes, das man weit von sich geschoben hatte, rückt plötzlich in den Mittelpunkt des Denkens.

Aus eigener Erfahrung weiß ich, dass viele Menschen dazu neigen, sich zusätzlich zur Krankheit mit schwermütigen Gedanken zu belasten. Dabei wäre es gerade jetzt notwendig, sich auf seine inneren Stärken zu besinnen und hoffnungsvoll nach vorne zu schauen. Und dazu möchte ich Sie mit diesem Heft ermutigen.

Ich weiß, ich kann Ihnen keine Ihrer Sorgen und Nöte abnehmen. Aber vielleicht gelingt es mir ja, Ihnen die eine oder andere Anregung zu geben, wie man selbst einer Krankheit noch etwas Gutes abgewinnen kann, so absurd das zunächst auch klingen mag. Vor allem aber möchte ich Sie in Ihrem Wünschen und Wollen stärken, wieder gesund zu werden. Und ich bin mir sicher, dass ich damit nicht allein stehe, sondern dass Sie in diesen Tagen vielen Menschen fehlen, die mit Ihnen Ihrer Genesung harren und sich über jeden noch so kleinen Schritt auf dem Weg dorthin freuen.

Und so wünsche ich Ihnen nun Gottes Segen für eine baldige Genesung.

Gott, mein Herr!
Deine Hand war mir stets ein fester Halt
und hat mich durch manche Not getragen.
Unter ihrem Schutz bin ich gewachsen.
Sie hat mich geführt
und mir den rechten Weg gewiesen.
Fiel ich, so fing sie mich auf.
Und dafür danke ich dir
mit jedem Schlag meines Herzens.

Ich bitte dich, Gott,
nimm in diesen schweren Tagen
deine Hand nicht von mir.
Was ich für meine Genesung tun kann,
will ich tun. Doch ich weiß,
dass allein dein Licht mein Heil ist.
Nichts in der Welt geschieht
gegen deinen Willen.
Und fall' ich, Herr,
so weiß ich deine Hand
unter mir.

Amen.

Zwangspausen

Vielleicht lesen Sie dieses Heft daheim im Bett oder im Krankenhaus. So oder so, der Körper hat Ihnen mit der Krankheit eine Zwangspause verordnet. Er will jetzt seine Ruhe, will sich auf seine Selbstheilungskräfte konzentrieren, will gesund werden.
Man kann mit solchen Zwangspausen sehr unterschiedlich umgehen. Manche Menschen reagieren ungeduldig, weil sie zum Nichtstun verurteilt sind. Sie sehnen sich danach, bald wieder zur Arbeit zu gehen, überhaupt ins gewohnte Leben zurückzukehren. Andere wiederum fügen sich schweigend in ihr Schicksal, warten einfach darauf, dass alles wieder gut wird, damit auch sie dann weitermachen können wie bisher. Wieder andere hadern mit ihrem Schicksal und fragen sich: „Warum gerade ich?"
Und es gibt Menschen, die diese Zwangspausen auf eine andere Weise nutzen, die versuchen, die Krankheit als einen positiven Einschnitt im Leben zu begreifen. Das klingt zunächst merkwürdig, weil man ja die Krankheit meist nur als Unterbrechung des gewohnten Lebens, selten aber als dessen Teil oder sogar als dessen Folge begreift.
Im Norden gibt es eine Redensart. Man spricht bei einer ernsten Krankheit davon, dass sie ein „Schuss vor den Bug" ist. Ich halte diese Redensart für zutreffend, weil sie uns in der Tat eine Ahnung davon gibt, was Krankheiten auch sind: Warnungen, die uns der Körper ins Stammbuch schreibt. Der Sinn einer jeden Warnung aber ist, dass man sich die zukünftigen Schritte besonders genau überlegt, dass man eine Zeitlang innehält und

sich selbstkritisch fragt, was die eigene Lebensweise vielleicht mit der Krankheit zu tun haben könnte.

Manchmal treten die Zusammenhänge offen zutage. Manchmal aber muss man sich auch richtig anstrengen, um zu begreifen, dass die Krankheit vielleicht nur das Ergebnis eines ungesunden Lebens ist. Und ein ungesundes Leben zeichnet sich ja nicht nur dadurch aus, dass man frohen Mutes allen Formen der Völlerei frönt. Zu viel Arbeit, Überforderungen durch Beruf und Familie, zu wenig Muße und Ruhe, zu wenig innere Einkehr können ebenso Krankheitsursachen sein. Doch diese Zusammenhänge zeigen sich oftmals nicht beim ersten Hinschauen – da muss man schon ein wenig länger und tiefer in sein Leben und wohl auch in seine Seele blicken.

Ich denke manchmal, vielleicht „fesseln" uns die Krankheiten gerade deshalb für längere Zeit ans Bett, damit wir Zeit gewinnen oder uns die Zeit nehmen, diesen tiefen Blick in uns hinein zu wagen oder unser Leben wenigstens in Ansätzen einmal zu überdenken.

Auch wenn Sie vielleicht aufgrund eines Unfalls im Krankenhaus liegen, behalten diese Gedanken, so glaube ich, ihre Gültigkeit. Denn auch der Unfall zeigt doch zumindest, dass all unsere weltlichen Träume von Sicherheit, von Zukunft auf einem ausgesprochen unsicheren Fundament ruhen.

Wir können in all unserem Denken und Handeln nicht davon ausgehen, dass unser Leben weiter und weiter gehen wird. Es ist eine Leihgabe, von der wir nicht wissen, wann wir sie zurückgeben müssen, eine Kerze, von der wir nicht sagen können, wann sie erlöschen wird. Um so wichtiger ist es, mit dieser Gabe pfleglich umzugehen und seinen Teil dazu beizutragen, dass sie zu einem gelungenen Leben wird.

Ich weiß, das ist kein Trost. Aber es ist eine Perspektive.

Blumen neben dem Krankenbett

Gartenwinden, strahlig und geflammt,
eingefasst von blauem Seide-Samt,
braune Nelken, brechend aus der Hülle
ihrer Kelche in der Düfte Fülle,

Ringelblumen so wie Flittergold,
das die Julisonne aufgerollt,
Bohnenblüten, an des Zweigs Geschwinge
scharlachrote kleine Schmetterlinge,

Gartenwicken, himmelblau beschwingt:
wie ein Falter, der zum Äther dringt,
hehr und glanzvoll seine Flügel spaltet
wieder sie in Ruh' zusammenfaltet,

standen da vor mir in einem Glas,
da ich krank in meinem Bette saß:
Musste nicht frisch Leben sich entfachen
bei dem Segnen dieser Blumenwachen?

Christian Wagner

Ungewissheiten

Jede schwere Krankheit ist nicht nur eine Belastung für unseren Körper, sondern sie zieht auch in erheblichem Maße unsere Seele in Mitleidenschaft.
Das beginnt schon damit, dass eine Krankheit uns oft aus dem gewohnten Leben reißt. Da fehlt das Gespräch mit den Kollegen, die Freizeitaktivitäten sind eingeschränkt, man muss unter Umständen nach einem Diätplan leben – man kann einfach nicht mehr so, wie man will. Und dazu kommt diese oftmals bohrende Ungewissheit: Wie sehr hat es mich erwischt, was wird werden, wenn ich nicht mehr in mein gewohntes Leben zurückkehren kann, wie wird meine finanzielle Situation aussehen, wie wird es meiner Familie in der Zeit ohne mich gehen? Das sind Fragen, die uns schwer auf der Seele liegen können.
Hinzu kommt oft noch die Situation im Krankenhaus. Man ist umgeben von Kranken, ständig wird über Krankheiten geredet – wie soll man da gesund werden? Und bis auf die Untersuchungen und die medizinischen Maßnahmen und Anwendungen hat man eigentlich nichts zu tun. Auf der anderen Seite ist einem auch gar nicht danach zumute, jetzt Karten zu spielen oder auf den Fernseher zu starren. Und darüber, was einen wirklich bedrückt, mag man mit seinen doch fremden Mitpatienten eigentlich nicht reden.
In beiden Fällen ist es gut zu wissen, dass es die Krankenseelsorge, dass es psychologische und soziale Dienste gibt, Menschen, die wissen, wie belastend eine Krankheit sein kann, Menschen, mit denen man über alles offen reden kann, die an

ihre Schweigepflicht gebunden sind. Und selbst, wenn sie das körperliche Leiden nicht von uns nehmen können, so helfen sie uns doch, die seelische Belastung zu tragen. Und glauben Sie mir, ich weiß aus eigener Erfahrung, wie wichtig es gerade in Krankheitszeiten ist, sein Herz zu öffnen, es auszuschütten, sich etwas von der Seele zu reden. Da fällt eine schwere Last ab. Auch wenn ein Problem nicht unmittelbar gelöst werden kann, so verschafft man sich im Gespräch doch zunächst einmal eine gewisse Erleichterung. Und eine leichte Seele hilft dem Körper, gesund zu werden. Sie sollten sich nicht scheuen, das Angebot der Seelsorge oder der psychologischen Betreuung anzunehmen. Sie finden hier Menschen, die Ihnen gerne zuhören, die nachempfinden können, was Sie bedrückt.

Herr, höre meine Stimme,
wenn ich rufe;
sei mir gnädig und erhöre mich!
Mein Herz hält dir vor dein Wort:
„Ihr sollt mein Antlitz suchen."
Darum suche ich auch, Herr, dein Antlitz.
Verbirg dein Antlitz nicht vor mir,
verstoße nicht im Zorn deinen Knecht!
Denn du bist meine Hilfe;
verlass mich nicht
und tu die Hand nicht von mir ab,
Gott, mein Heil!

Psalm 27,7-9

Mithilfe

Viele Menschen vertrauen auf den Satz: Der Körper wird von allein krank, also wird er auch von allein gesund. Dieser Satz ist natürlich blanker Unsinn. Gewiss gibt es Krankheiten, einen Schnupfen etwa, die der Körper allein bewältigt. Aber viele Krankheiten bedürfen der medizinischen Hilfe.
Und – was genauso wichtig ist – sie bedürfen der Mithilfe des Patienten.
Es ist ziemlich bequem, zu erwarten, dass die Ärzte das schon richten werden, schließlich ist das ja ihr Beruf.
Aber sie werden kaum einen Arzt finden, der nicht betont, wie wichtig die Mitarbeit des Patienten für den Heilungserfolg ist. Mit anderen Worten, es liegt auch immer an uns selbst, inwieweit wir gesund werden.
Ein anderes kommt hinzu. Es ist natürlich verständlich, dass jeder Mensch so schnell wie möglich seine Krankheit in den Griff bekommen und überwinden will. Aber man sollte sich wirklich davor hüten, zu glauben, dass der Heilungsprozess auch bei intensiver Mitarbeit des Patienten eine ganz schnelle Angelegenheit ist. Heilung braucht in vielen Fällen Geduld und Beharrlichkeit. Das heißt aber auch, dass man sich nicht entmutigen lassen soll, wenn sich nicht alles auf Anhieb so bessert, wie man es sich wünscht. Ja, manchmal muss man sogar Rückschläge in Kauf nehmen.
Wichtig scheint mir, dass Sie sich zuallererst auf die kleinen Schritte konzentrieren. Natürlich sollen Sie das große Ziel nicht aus den Augen lassen, aber Ziele erreicht man eben nur in

Schritten. Und jeder Schritt, der Sie ein Stück weit in der Genesung voranbringt, sollte Ihnen ein Grund zur Freude sein, denn er zeigt Ihnen ja, dass Sie auf dem richtigen Weg sind. Aber es ist noch mehr. Jeder dieser Schritte ist auch ein kleines Erfolgserlebnis, das uns Kraft und Mut gibt, denn wir wissen, wir haben dazu beigetragen, dass wir dort stehen, wo wir uns heute befinden. Viele Menschen, die tatkräftig mitgeholfen haben, wieder gesund zu werden, sagen, dass sie an Selbstvertrauen gewonnen hätten, weil sie sich in einer schlimmen Situation nicht aufgegeben, sondern sich gesagt haben: Jetzt erst recht.
So kann denn auch eine überwundene Krankheit durchaus eine Quelle des Mutes, des Selbstvertrauens für das Leben nach der Krankheit sein.

Wie eine Blume

Wie eine Blume lass mich vor dir sein
und nimm sie gut und gnädig zu dir ein
und zürne nicht, dass sie so arm und matt,
so wenig Duft und süßes Wunder hat.

Sie wuchs in Disteln, Herr, so mühevoll
und weiß nicht, wie sie dir gefallen soll.
Nimm sie voll Güte, dürftig, wie sie ist,
weil du der Gärtner aller Blumen bist!

Gustav Schüler

Wendepunkte

Ich kenne eine Reihe von Menschen, die nach einer schweren Krankheit davon sprechen, dass ihre Krankheit für sie ein Wendepunkt gewesen ist.
Gewiss haben sie nicht ihr ganzes Leben umgekrempelt und alles, was gewesen ist, ins Meer der Erinnerung geworfen. Aber sie haben begonnen, die Welt – und vor allem auch sich selbst – mit anderen Augen zu sehen.
Sie haben erneut gelernt, sich an Kleinigkeiten zu erfreuen, an einem Sonnenaufgang etwa, an den wechselnden Farben der Jahreszeiten, am Lächeln eines Kindes. Sie haben sich mehr Zeit für ihre Familien und Freunde genommen; andere haben es bei der Arbeit ruhiger angehen lassen, haben ihr Lebensschiff in seichtere Gewässer gesteuert.
Es handelt sich um Menschen, die die Krankheit als Chance gesehen haben, in einigen Bereichen ihres Lebens noch einmal neu zu beginnen. Die Krankheit hat ihnen dabei geholfen, hat ihnen vielleicht einerseits eine Pause aufgezwungen, ihnen andererseits aber auch die Zeit gegeben, darüber nachzudenken, wie das bisherige Leben verlaufen ist. So konnten diese Menschen für sich herausfinden, was sie an ihrem Leben als schön und richtig empfanden, aber sie konnten auch erkennen, an welchen Punkten sie an ihren Wünschen, Hoffnungen und Bedürfnissen vorbei gelebt hatten und was sie für die Zukunft ändern wollten. Die Krankheit hatte ihnen gewissermaßen die Augen geöffnet. Diese Veränderungen, die sie zunächst vielleicht nur als ein Ergebnis ihrer Krankheit, als Nachsorge oder

sogar als Einschränkung ihres Lebens betrachtet hatten, entpuppten sich im Laufe der Zeit nicht nur als beste Form der Vorsorge, sondern ebenso als brauchbare Orientierungspunkte auf dem Weg zu einem besseren, weil zufriedeneren Leben.

Der Gott der Liebe
und der Barmherzigkeit,
der möge auch dich
mit Liebe erfüllen,
dass dein Geist nicht wanke,
sondern wachsen möge
an seiner Verheißung,
dass dein Glaube
stärker sei als dein Zweifel
und du dich auf Gott verlässt,
auch wenn schwere Tage kommen,
so möge sein Geist dich erhellen,
sein Brot dich verwurzeln,
sein Frieden dich heilen
und seine unermessliche Liebe
dir den Weg in's Leben weisen.

Friedemann Schäfer

Worauf darf ich hoffen?

Ohne Hoffnung kommen wir Menschen nicht weit. Wir bedürfen ihrer, um zu leben. Besonders wichtig aber wird die Hoffnung in der Not, in der Krankheit. Wer hofft, wird oft schneller gesund, weil er optimistischer in seine Zukunft blickt.
Worauf aber lässt sich hoffen?

Zunächst einmal dürfen und sollen Sie darauf hoffen, dass Sie wieder gesund werden. Und Sie dürfen sicher sein, dass Sie mit dieser Hoffnung nicht allein sind. Ihre Familie und Ihre Freunde, Menschen, denen Sie am Herzen liegen, denen Sie etwas bedeuten, wünschen sich nichts sehnlicher, als dass Sie bald wieder gesund sein werden.
Sie dürfen darauf hoffen, dass Sie bei den Ärzten und beim Pflegepersonal in guten Händen sind.
Sie dürfen darauf hoffen, dass Ihr Körper von sich aus gesund werden will und dass es ihm mit Ihrer Hilfe auch gelingen wird.
Sie dürfen darauf hoffen, dass die Krankheit eine sinnvolle Episode Ihres Lebens ist. Doch sollten Sie sich davor hüten, die Krankheit zu Ihrem Lebensinhalt zu machen.

Vor allem aber dürfen Sie darauf hoffen, dass Gott seine schützenden Hände über Sie hält, dass er Sie – was immer auch geschehen mag – nicht allein lassen wird. Gott ist mit Ihnen, sitzt auch an Ihrem Krankenbett. Und wenn wir auch stets einsehen müssen, dass unser kleines, großes Menschenleben in seiner Hand liegt, so dürfen wir doch darauf hoffen, dass eben diese Hand uns niemals fallen lässt.